Fröhlicher Frühling

Sehnsüchtig erwarten wir den Frühling mit seinem frischen Grün und den wärmenden Sonnenstrahlen. Die Ideen in diesem Buch holen den Frühling schon dann in die Wohnung, wenn es draußen noch kalt und grau ist.

Die romantischen und verspielten Motive entfalten ihre Wirkung durch liebevolle Details wie Gänseblümchen, Rosenknospen und Schmetterlinge sowie die zarten, frühlingshaften Farben. Wählen Sie zwischen duftigen Blumensteckern und geschmackvollen Tischdekorationen, heiteren Fensterbildern oder einer herzigen Grußkarte.

Wenn der Frosch am Fenster die Schmetterlinge fängt oder die Hasenprinzessin auf ihrer Möhre schaukelt, stellt sich in Ihrer Wohnung ganz von selbst eine beschwingte Frühlingsstimmung ein.

Einen schönen Frühling wünscht

Die Motive lassen sich in folgende Schwierigkeitsgrade unterteilen:

● ○ ○ einfach   ● ● ○ etwas schwieriger   ● ● ● anspruchsvoll

IHRE GRUNDAUSSTATTUNG

Diese Materialien und Werkzeuge werden häufig verwendet. Sie sollten sie zur Hand haben, denn sie werden in den Materiallisten nicht gesondert aufgeführt.

- festes Transparentpapier (für Schablonen)
- feine Filzstifte in Rot und Schwarz (für Augen und Mund)
- Lackmalstift in Weiß (für Lichtpunkte)
- Buntstifte und Filzstifte in verschiedenen Farben
- weicher Bleistift, Bleistiftspitzer, Radiergummi
- Alleskleber Kraft, Klebestift, Heißklebepistole, z. B. UHU
- mittelgroße, spitze Schere
- Nagelschere
- Cutter mit geeigneter Schneideunterlage
- Nadel und Faden (Nähseide, Nylonfaden)
- Zirkel oder Prickelnadel
- Schaschlikstäbchen
- Schmirgelpapier, Messer
- Klebepads oder Abstandsband

Hinweis: Mit „Rest" ist immer ein Stück gemeint, das maximal A5 groß ist.

So wird's gemacht

1 Die Vorlage mit Bleistift auf ein festes Transparentpapier übertragen und ausschneiden.

2 Diese Schablone auf das Papier in der gewünschten Farbe legen, mit einem Bleistift umfahren und das Teil ausschneiden. Abgerundete Formen schneidet man leichter mit einer kleinen Nagelschere, gerade Schnitte gelingen am einfachsten mit einem Cutter. Dabei muss immer eine feste Unterlage verwendet werden und Kinder sollten nicht unbeaufsichtigt damit arbeiten.

3 Mithilfe des Vorlagenbogens die Einzelteile positionieren, zusammenkleben und zusätzlich dekorieren: zeichnen, beschriften, bemalen. Die Gesichtslinien mit Filz- oder Buntstift aufmalen, die Wangen mit rotem Buntstift färben. Dazu mit Schmirgelpapier, einem Messer oder Bleistiftspitzer etwas Farbe von der Stiftspitze schaben und mit dem Zeigefinger verreiben. Die Ränder anderer Körperteile werden häufig auch so eingefärbt. In die schwarzen Augen und auf die roten Nasenpunkte kann mit weißem Lackstift ein Lichtpunkt gesetzt werden.

Tipps und Tricks

▶ Fotokarton-Dessins, die wie Stoff aussehen, kann man ganz einfach selber machen. Vor dem Ausschneiden mit Buntstift ca. 1 cm breite Karos auf den Fotokarton zeichnen und dann mit einer anderen Farbe Linien dazwischen ziehen. Für ein Pünktchenmuster Filzstift verwenden bzw. einen Pinselstiel in Acrylfarbe tauchen und damit die Punkte auf den Fotokarton tupfen.

▶ Wellpappe- oder Drahtspiralen entstehen, indem man den Draht bzw. die Wellpappe eng um ein Stäbchen oder einen Bleistift wickelt und eventuell etwas auseinanderzieht.

▶ Die Löcher für den Aufhängefaden oder die Drahtspirale werden am einfachsten mit einer Zirkelspitze eingestochen. Für dickere Drahtstücke werden sie mit einem Holzschaschlikstäbchen etwas vergrößert.

▶ Einen plastischen Effekt erzielt man, wenn Teile mit Klebepads unterlegt werden wie z. B. Ärmel oder Kartonnase.

▶ Knicke im Papier am besten mit einem Falzbein oder der Schere vorritzen.

Hinweis: Wenn Kinder bei den Bastelarbeiten mithelfen, lassen Sie sie den Cutter nie allein benutzen. Auch die Heißklebepistole gehört nicht in Kinderhände.

Blumenmädchen

→ nett und niedlich

MOTIVHÖHE
ca. 41 cm

MATERIAL
- geprägter Motivkarton mit Rosen in Hellgrün, A4
- Fotokartonreste in Rosa, Hautfarbe, Hellgrün, Mittelgrün, Weiß, Apricot und Braun
- kleine Papierrosen in 9 x Rosa und 5 x Weiß, ø ca. 1 cm
- Organzaband in Grün, 1,5 cm breit, 25 cm lang
- Organzaband in Hellrosa, 3 mm breit, 15 cm lang
- Wollrest in Braun
- Blumendraht, ø 0,35 mm, 2 x 20 cm lang
- Zickzackschere

VORLAGEN-BOGEN 1A

1 Teile wie angegeben ausschneiden. Den Saum des Kleides mit der Zickzackschere beschneiden. Ärmel, Kragen, Socken und Rosen fürs Haar wie abgebildet bemalen.

2 Auf dem Kleid die Ärmel mit den zuvor untergeklebten Armen fixieren. Den linken Arm nur im oberen Bereich festkleben. Die Rosen mit dem grünen Band zu einem Strauß binden. Mit der Heißklebepistole unter der linken Hand am Kleid fixieren.

3 Das Kopfteil bemalen und die Nase aufkleben. Wollreste zu Zöpfen bündeln und mit der Heißklebepistole am Kopf befestigen. Die Rosen mit Blättern als Haarspangen fixieren. Den Kopf am Rumpf befestigen und den Kragen aufkleben. Danach das rosa Band zur Schleife binden und mittig am Kragen befestigen.

4 Beine, Schuhe und gepunktete Socken festkleben. Die Schnürsenkel aus Draht einziehen und die Enden kräuseln.

Tipps: Tolle Locken ergeben sich, wenn die Frisur aus bereits gestrickter und dann wieder aufgezogener Wolle gemacht wird.

Das hübsche Papier für das Kleid gibt es auch als Transparentpapier, woraus man leicht ein romantisches Teelicht fertigen kann. Eine Rose (siehe Beschreibung oben) wird noch auf die Rundung geklebt.

Grashüpfer

→ niedliche Geschenkboten

MOTIVHÖHE
Grashüpfer-Klemmentini
ca. 11 cm
Leporello-Grußkarte
ca. 15 cm

MATERIAL GRASHÜPFER-KLEMMENTINI
- Holzwäscheklammer, 7,2 cm x 1 cm
- Fotokartonreste in Weiß, Hellgrün und Pink
- Transparentpapierrest in Rosa
- Papierkordel mit Draht in Hellgrün, ø 2 mm, 7 cm lang
- 2 Holzperlen in Hellgrün, ø 8 mm
- Holzhalbkugel in Natur, ø 1 cm
- Acrylfarbe in Weiß und Pink
- Blumendraht in Braun, ø 0,35 mm, 2 x 20 cm
- Satinband in Pink, 3 mm breit, 9,5 cm lang

LEPORELLO-GRUSSKARTE
- 1 Grashüpfer ohne Wäscheklammer (siehe oben)
- Fotokarton in Weiß, A4
- Fotokartonreste in Mittelgrün, Dunkelgrün, Hellgrün und Pink
- Motivkartonreste mit Streifen und Karos in Hellgrün
- Transparentpapierrest in Rosa
- Büroklammer in Weiß, ca. 5 cm

VORLAGEN-BOGEN 3B

Grashüpfer-Klemmentini

1 Den Kopf ausschneiden, das Gesicht aufmalen und die Klammer mit einem Streifen Fotokarton für den Körper bekleben. Die Holzhalbkugel mit weißer Farbe bemalen und als Auge fixieren. Die schwarze Pupille mit Filzstift aufsetzen.

2 Die Drahtspiralen (siehe Seite 3) am Kopf anbringen. Den Papierdraht in die hellgrünen Kugeln kleben und die Arme von hinten am Vorderteil der Klammer fixieren. Das zweiteilige Schild zuschneiden, am Körper befestigen und ein rosa Herz aufkleben.

3 Den Kopf mit einem Klebepad am Körper anbringen und die kleine Schleife festkleben. Einen Faden durch das Loch ziehen und die Klammer wie abgebildet aufhängen.

Leporello-Grußkarte

1 Die Karte aus weißem Fotokarton zuschneiden und die Falzkanten leicht mit dem Messer ritzen. Die linke Seite mit zwei übereinandergeklebten Bogen grünem bzw. grün-weiß gestreiftem Fotokarton bekleben, dafür den unteren Bogen etwas größer als den oberen gestreiften zuschneiden. Ebenso das kleine Schild anfertigen und beschriften. Mit der untergeschobenen Büroklammer auf der Karte fixieren. Die beiden Fotokartonstücke für das mittlere Kartenteil zuschneiden und aufkleben.

2 Den Umschlag aus rosa Transparentpapier schneiden und falten und in die Büroklammer schieben. Die Teile für die Rose ausschneiden, die Blüte mit Lackmalstift bemalen und mit Buntstift schattieren. Die Blätter etwas rollen. Die Rose wie abgebildet aufkleben. Die weißen Herzen mit Lackmalstift aufmalen.

3 Das große Herz ausschneiden und mit Buntstift-Karomuster versehen. Den wie oben beschrieben gefertigten Grashüpfer (ohne Klammer) durch den Schlitz in der Karte stecken (vgl. Vorlage). Das Herz aufkleben.

Tipp: Statt des Grashüpfers kann auch ein Geldschein eingesteckt werden.

Vespakatze

→ ein heißer Feger

MOTIVHÖHE
ca. 34 cm

MATERIAL
- Fotokarton in Pink und Weiß, A4
- Fotokartonreste in Hellgrün, Violett, Pink, Gelb, Lila, Helllila, Silber und Schwarz
- Regenbogentonpapierrest in Grün
- Motivkartonrest in Weiß mit rosa Streifen
- Satinband in Orange, 3 mm breit, 20 cm lang
- 7 Strasssteine in Türkis, ø ca. 5 mm
- wasserfester Silberstift
- Blumendraht in Weiß, ø 0,35 mm, 3 x 15 cm lang

VORLAGEN-BOGEN 3B

1 Alle Teile nach der allgemeinen Anleitung ausschneiden. Bei der Vespa mit violettem Buntstift die Schattierungen und mit weißem Lackmalstift die Glanzpunkte aufmalen. Räder und Lampe aufkleben und bemalen sowie den Sitz fixieren.

2 Das Gesicht der Katze gestalten, in die eingestochenen Löcher Blumendraht einfädeln und hinten mit Klebstoff fixieren. Die schwarzen Flächen auf die Sonnenbrille aufmalen. Sonnenbrille und Nase mit Klebepads am Kopf fixieren.

3 Auf das Kleid mit Filzstift die Blumen malen. Sobald sie trocken sind, mit dem Silberstift die Konturen nachziehen. Einen Strassstein auf jede Blütenmitte kleben.

4 Den Arm auf dem Körper befestigen, Schwanz, Bein und zweiten Arm von hinten ankleben. Den Kopf mit dem Hals durch den Schalschlitz schieben und auf dem Körper fixieren.

5 Die Tulpen zusammenfügen, mit dem Band zusammenbinden und auf dem Vespa-Sitz fixieren. Die Katze auf die Tulpen setzen und festkleben.

Hase mit Hüpfseil

→ fit for fun

MOTIVHÖHE
ca. 26 cm

MATERIAL
- Fotokarton in Hellbraun, A4
- Fotokartonrest in Weiß
- Transparentpapierrest in Weiß mit Kreisen
- Regenbogenfotokartonreste in Grünverläufen (Grünflächen), Lila-Violett und Türkis-Blau
- Regenbogentonpapierreste in Gelb-Orange-Grün-Verläufen (Blumen und Blätter, Insekten, „Rüssel")
- Karopapierrest in Weiß-Grün
- 2 Watte-Karotten, ca. 6 cm lang
- Aludraht in Schwarz, ø 2 mm, 50 cm lang
- mindestens 16 Klebepunkte in Weiß, ø 1 cm

VORLAGEN-BOGEN 2A

1 Die Einzelteile ausschneiden. Den Körper und das Hemd des Hasen wie in der Abbildung bemalen. In das Bein einen Schlitz schneiden, das Hemd einschieben und festkleben. Ein Ohr und einen Fuß von hinten ankleben.

2 Das Gesicht aufmalen und den kleinen karierten Kragen fixieren.

3 Den Aludraht mit der Heißklebepistole in den Karotten fixieren, dafür mit der Schere ein kleines Loch vorbohren. Die Hände zusammenrollen und um die zwei Karotten kleben. Die Daumen befestigen.

4 Für die Insekten mit Buntstift Streifen auf den Körper aus Regenbogenfotokarton malen. Den Rüssel und die Flügel ankleben. Für die Augen jeweils zwei Klebepunkte befestigen und mit Filzstift einen Punkt aufmalen. Den Draht zurechtbiegen und ein Insekt fixieren.

5 An den Grünflächen von hinten die Blumen ankleben. Die Ameisenkörper mit Klebepads befestigen, den Kopf mit zwei übereinandergelegten Klebepads darauf setzen. Als Auge zwei Klebepunkte übereinander legen und mit einem Klebepad fixieren. Beine und Fühler mit schwarzem Filzstift aufmalen.

Tipp: Wenn Sie die Motive mehrfach und auch spiegelverkehrt arbeiten, können Sie den Fensterrahmen wunderbar fortlaufend dekorieren.

Erdbeermädchen

→ freche Früchtchen

MOTIVHÖHE
ca. 20 cm (Erdbeere ohne Stecker)

MATERIAL PRO STECKER
- Fotokartonrest in Hautfarbe
- Regenbogenfotokartonrest in Orange-Rot
- Regenbogentonpapierrest in Grünverlauf
- Wellpapperest in Hellgrün
- Schaschlikstäbchen
- Papierdraht in Rot, ø 2 mm, 2 x 7 cm lang
- Polyresin-Blümchen in Weiß, ø 1,5 cm
- Plusterstift in Weiß

VORLAGEN-BOGEN 3A

12

1 Die Einzelteile aus Fotokarton und Tonpapier ausschneiden.

2 Das Gesicht aufmalen. Die weißen Punkte auf der Erdbeere mit Plusterstift auftragen.

3 Hinter der Erdbeere mit der Klebepistole ein Schaschlikstäbchen fixieren. Das Blatt und den kleinen Kragen vorstechen, zuerst mit einer Nadel, dann das Loch mit dem Schaschlikstäbchen ausweiten. Das Blatt und den Kragen auffädeln und festkleben.

4 Am Stäbchenende das Gesicht und darauf den Hut befestigen. Die Spitze kann mit dem Falzbein ein wenig gebogen werden. Die Blüte ankleben.

5 Dünne Wellpappestreifen über ein Schaschlikstäbchen aufrollen und von hinten am Kopf ankleben. Die Hände an der Papierkordel befestigen und diese von hinten an der Erdbeere fixieren.

Muntere Frösche

→ tummeln sich am Fenster

MOTIVHÖHE
hüpfender Frosch
ca. 40 cm
liegender Frosch
ca. 13 cm

MATERIAL
- Fotokarton in Hellgrün, A3
- Fotokartonreste in Dunkelblau, Gelb, Rot, Helllila, Mittelgrün, Blau, Weiß und Pink
- Transparentpapierreste in Rosa, Helllila und Weiß
- Wellpappereste in Gelb, Hellgrün und Violett
- Transparentpapierreste mit Blattstruktur bzw. mit Farbflecken in Rosa- und Grüntönen
- 4 Wackelaugen, ø 5 mm

VORLAGENBOGEN 2B

1 Die Einzelteile ausschneiden. Für die Froschhände eine Nagelschere benutzen. Die Kleider mit Karomuster (Buntstift), Punkten (Filzstift) oder Blütenranken (Filzstift) verzieren.

2 Die Figuren mithilfe des Vorlagenbogens zusammensetzen und fixieren. Die Gesichter gestalten und die Augen aufkleben.

3 Beim liegenden Frosch mit dem Cutter einen kleinen Schlitz in den Mund ritzen. Den Knospenstängel hineinschieben und festkleben.

4 Für das Schmetterlingsnetz auf den blauen Rahmen ein Oval aus Transparentpapier von vorne, das bemalte Netz von hinten kleben.

5 Die Schmetterlinge mit doppelten Flügeln aus Fotokarton (unteres Flügelpaar), Transparentpapier (oberes Flügelpaar) und Wellpappe (Rumpf) zusammenkleben. Die Wellpappestreifen für die Fühler über ein Schaschlikstäbchen rollen. Die Wackelaugen aufkleben.

6 Die Seerosen aus drei Stücken Transparentpapier zusammensetzen, zuunterst Weiß, dann Rosa und darauf Helllila. Die Blätter doppelt arbeiten, einmal aus Fotokarton und einmal aus Transparentpapier im Blatt-Look. Dazwischen den Wellpappe-Stängel einkleben und den Blütenstängel von hinten fixieren.

14

Weiße Häschen und Hennen

→ so macht das Eieressen Spaß

MOTIVHÖHE
ca. 7 bis 10 cm

MATERIAL PRO HASE
- Fotokartonreste in Weiß und Helllila
- Gänseblümchen aus Polyresin in Hellblau, ø 2 cm

MATERIAL PRO HENNE
- Fotokartonreste in Weiß, Pink und Helllila
- 2 Holzperlen in Pink, ø 8 mm
- Papierdraht in Weiß, ø 2 mm, 2 x 6 cm lang

VORLAGENBOGEN 4A

Hasen

Serviettenring

1 Den Serviettenring ausschneiden und das Gesicht aufmalen.

2 Den Ring zusammenkleben und das Gänseblümchen sowie die Pfoten fixieren.

Eierbecher

1 Die Ohren an ein hartgekochtes Ei oder Plastikei kleben und das Gesicht aufmalen.

2 Den Ring zusammenkleben und das Gänseblümchen befestigen.

3 Den anderen Eierbecher (rechts im Bild) wie den Serviettenring anfertigen, aber ohne Gänseblümchen und Pfoten.

Henne

Serviettenring

1 Den Serviettenring ausschneiden und das Gesicht aufmalen. Mit Lackmalstift dicke Punkte auf den Kamm malen und von hinten ankleben. Den Schnabel fixieren, die Spitze dabei etwas hochklappen.

2 Den Ring zusammenkleben und die Flügel fixieren. Die Beine mit den angeklebten Perlen anbringen.

Eierbecher

Den Eierbecher wie den Serviettenring basteln, aber die Papierdrahtbeine in zwei eingestochene Löcher kleben.

Blumenstecker zum Muttertag

→ lammfromm und ochsenstark

MOTIVHÖHE
Schaf ca. 23 cm
Kuh ca. 18 cm

MATERIAL
- Fotokartonreste in Weiß, Schwarz, Hautfarbe, Meergrün, Hellblau, Mint und Pink
- 2 Bastelhölzer, 15 cm x 2 cm, 1 mm stark
- Plusterstifte in Weiß und Hellblau
- Acrylfarbe in Weiß
- wasserfester Filzstift in Schwarz
- Draht in Braun, ø 0,35 mm, 20 cm lang
- 4 Schaschlikstäbchen

VORLAGEN-BOGEN 2A

1 Die beiden Bastelhölzer und die Schaschlikstäbchen weiß bemalen. Auf das Bastelholz für das Schaf mit weißem Plusterstift die Woll-Löckchen aufmalen und gut trocknen lassen.

2 Bei der Kuh die schwarzen Flecken mit wasserfestem Filzstift auf das Holz malen.

3 Aus zwei Schaschlikstäbchen vier Stücke à 6 cm Länge schneiden. Diese als Vorderbeine mit Heißkleber am Bastelholz befestigen. Die Hufe aufsetzen.

4 Die Köpfe aus Fotokarton ausschneiden und die Details wie Haarteil, Ohren, Maul und Hörner befestigen. Die Gesichter gestalten und bei dem Schaf eine Locke mit Plusterstift auf das Haarteil malen. Die fertigen Köpfe am Bastelholz anbringen.

5 Die restlichen Teile ausschneiden. Für die Blüten das Blüteninnere auf die Blume aufkleben und die Verzierung mit Plusterstift aufzeichnen. Eine fertige Blüte an gekräuseltem Draht befestigen und an die Hufen der Kuh binden, die andere an einem Schaschlikstäbchen befestigen. Die zweiteiligen Schilder gestalten, beschriften und das Herz fixieren. Am Stäbchen bzw. zwischen Hufen und Armen beim Schaf anbringen.

Die Osterprinzessin

→ gibt ihre Audienz am Fenster

1 Alle Teile für die braunen Hasen ausschneiden. Hemden mit Filzstift bemalen und auf den Körper kleben. Das Hemd des linken Hasen an der Armlinie ein wenig einschneiden. Die Gesichter gestalten und die Plastikhalbkugeln als Nasen aufkleben. Das zweite Ohr und die Hände jeweils von hinten ankleben.

2 Das Ei zuschneiden und mit sechs Blüten dekorieren. Die Blütenblätter vor dem Aufkleben ein wenig nach innen biegen. In die Mitte jeder Blüte eine Wachsperle kleben.

3 Die Stange und den Korb zuschneiden. Den Korb mit Buntstiften und weißem Lackmalstift bemalen und an die Stange kleben. Die Stange an den Hasen befestigen. Dazu die Stange in die Hemdöffnung des linken Hasen einschieben. Das Ei von hinten am Korb fixieren.

4 Kopf, Beine, Arme, Ohren und Kleid der Prinzessin zuschneiden. Das Kleid mit Karomuster verzieren. Die Teile mit Hilfe des Vorlagenbogens zusammenkleben. Dabei die Arme und das Unterteil des Kleides mit Klebepads fixieren. Die fertige Prinzessin auf dem Ei befestigen.

5 Das Gesicht aufmalen, die Nase aufkleben und die Blüte mit einer Wachsperle am Ohr befestigen.

MOTIVHÖHE
ca. 33 cm

MATERIAL
- Fotokarton in Hellgrün und Hellbraun, A4
- Fotokartonreste in Weiß, Hellblau, Pink und Blau
- Regenbogenfotokartonrest in Gelb-Orange
- Regenbogentonpapierrest in Violettverläufen
- 7 Wachsperlen in Weiß, ø 8 mm
- 2 Plastikhalbperlen in Schwarz, ø 1 cm

VORLAGENBOGEN 3A

Bunte Blütenpracht

→ Bienchen und Blümchen

Blüte mit Inhalt

1 Die Blumenform auf den Formfilz übertragen, ausschneiden und mit Lackmalstift die Stiche aufmalen. Die Blumen mit Steckschaum im Eimer befestigen.

2 Den Eimer mit dem Band in der Blütenmitte festknoten und eine Schleife binden. Blume an einem Nylonfaden aufhängen.

Fleißige Biene

1 Einzelteile aus Fotokarton und Tonpapier ausschneiden. Im Gesicht Mund, Augen und Kappe mit Filzstift aufmalen und die Wangen röten. Die Nase aus Fotokarton aufkleben.

2 Die beiden Fühler aus Aludraht zurechtbiegen und von hinten am Kopf befestigen. Vorne blaue Blümchen befestigen und ein wenig nach innen biegen. In die Mitte je eine halbe gelbe Holzperle kleben.

3 Auf dem gelben Rumpf die blauen Flächen fixieren. Die Vergissmeinnicht-Blüten als Gürtel mit der Heißklebepistole am Körper befestigen. Ebenso

MOTIVHÖHE
Blüte mit Inhalt ca. 29 cm
fleißige Biene ca. 28 cm

MATERIAL BLÜTE MIT INHALT
- Formfilz in Blau, A3
- Organzaband in Hellblau, 1 cm breit, 30 cm lang
- dünner Nylonfaden, 1 m lang
- Metall-Eimer, ca. 5 cm hoch
- kleine Stoffblumen in Hellblau und Gelb
- Steckschaum, 4 cm x 3,5 cm x 3,5 cm

FLEISSIGE BIENE
- Fotokartonreste in Gelb, Weiß, Lila, Hellblau und Pink
- Tonpapierreste in Weiß (Füße), Grün und Hellblau (Streifen auf Rumpf)
- Transparentpapierrest mit Blumendruck in Weiß
- Metalleimer, ca. 4 cm hoch
- kleine Stoffblumen in Weiß, Pink und Gelb
- Steckschaum, 3 cm x 2,5 cm x 2,5 cm
- Papierdraht in Weiß, ø 2 mm, 2 x 6 cm und 2 x 9 cm lang
- 1 Holzkugel in Gelb, ø 8 mm
- Aludraht in Schwarz, ø 2 mm, 2 x 10 cm lang
- 4 Vergissmeinnicht-Blüten
- Blumendraht in Silber, ø 0,65 mm, 60 cm und 6 cm lang
- Glasperlenmischung in Rottönen

VORLAGENBOGEN 1B

WEITERFÜHRUNG
Bunte Blütenpracht

mit den Papierkordel-Armen verfahren. Die Hände ankleben.

4 Die zwei Flügel aus Transparentpapier von hinten befestigen. Nun die beiden Hosenbeinchen auf einer weichen Unterlage (z. B. Moosgummi) mithilfe einer Prickelnadel mit einer Lochkante versehen und hinter den Körper kleben. Die Beine und die zweiteiligen Schuhe fixieren. Den mit Buntstiften gestalteten Kragen aufsetzen und darauf den Kopf mit Hals kleben.

5 Die Blumen mit Steckschaum im Eimer fixieren. Den Henkel des Eimers durch eine Hand stechen und den Eimer anbringen. Die Perlen auf den kurzen Draht auffädeln, um das Handgelenk legen und die Enden verdrehen.

6 Den langen Draht kräuseln und die Perlen auffädeln. Den Draht vorsichtig durch die Flügel stechen und verdrehen.

Schäfchen am Reck

→ tierisch sportlich

1 Grünes Tonpapier für die Schürze mit Buntstiftkaros bemalen und anschließend zuschneiden. Die übrigen Teile aus Tonpapier bzw. Fotokarton ausschneiden, das Gesicht bemalen und die Nase festkleben.

2 Den Pullover mit rosa Filzstift-Punkten verzieren. Die Nähte der Schürze und die Kantenstiche der Schürzentasche mit Lackmalstift in Weiß aufmalen. Die Schürzentasche am Rand festkleben.

3 Auf den Körper die Woll-Löckchen mit Plusterstift auftragen und trocknen lassen. Dann die Schürze fixieren und den Kragen aufkleben.

4 Die Hufe verzieren und mit den Beinen am Körper befestigen. Die Rose mit Lackmalstift und Buntstift bemalen und samt Blättern aufkleben. Einen hellgrünen Tonpapierstreifen kräuseln und an der Rose fixieren. Das Schaschlikstäbchen mit den zwei Holzkugeln an den Enden von hinten an die Vorderbeine kleben.

5 Das Taschentuch in die Tasche einstecken und befestigen. Den gekräuselten Draht zur Aufhängung mit aufgezogenen Perlen beidseitig am Schaschlikstäbchen fixieren.

MOTIVHÖHE
ca. 27 cm

MATERIAL
- Fotokarton in Weiß, A4
- Fotokartonreste in Grün, Hellgrün, Pink, Flieder, Hautfarbe und Braun
- Tonpapierrest in Hellgrün (Kragen)
- Schaschlikstäbchen
- 2 Holzkugeln in Natur, ø 12 mm
- Blumendraht in Braun, ø 0,35 mm, 60 cm lang
- Verschiedene Glasperlen in Rosa
- Papiertaschentuch
- Plusterstift in Weiß

VORLAGEN-BOGEN 1B

Bunter Schmetterlingsgruß

→ für einen freundlichen Empfang

MOTIVHÖHE
ca. 33 cm (samt Schild)

MATERIAL
- Regenbogentransparentpapier, A3
- Fotokartonreste in Weiß, Pink, Lila und Orange
- Papierkordel mit Draht in Weiß, ø 2 mm, 2 x 4 cm (Beine), 1 x 3 cm (Hals), 2 x 8 cm lang (Fühler)
- Wäscheklammer, 4,5 cm x 7 mm
- Blumendraht in Braun, ø 0,35 mm, 40 cm (Schild) und 2 x 10 cm lang (Herz)
- Pompons in 2 x Weiß und 1 x Rot, ø 7 mm
- Satinband in Violett, 3 mm breit, 20 cm lang

VORLAGEN-BOGEN 4A

1 Alle Teile ausschneiden und mit weißem Lackmalstift dekorieren. Das Gesicht bemalen und die Nase festkleben. Dünne Streifen vom Regenbogentransparentpapier aufrollen und als Haare festkleben. Den Kopf in den Spalt vom Hut einstecken und von hinten befestigen. Die Fühler samt Blumen anbringen und die Pompons als Blütenmitten aufkleben.

2 Das Kleid zusammenfügen. Ein Loch in die Hände vorbohren, den gekräuselten Draht mit dem Herz einstecken und die Enden verdrehen. Danach die Hände fixieren. Die Papierkordelbeine samt Schuhen anbringen. Den Kragen und die violette Schleife befestigen.

3 Die Flügel am Körper befestigen. Von hinten eine kleine Wäscheklammer dagegen kleben.

4 Das zweiteilige Willkommensschild anfertigen und den Draht einstechen. Den Draht für das Schild durch das Loch in der Klammer führen.

Tipp: Für das Kinderzimmer schreiben Sie den Namen des Bewohners auf das Schild.

Gänse und Gänseblümchen

→ frühlingshafte Tischdekoration

MOTIVHÖHE
ca. 9 cm (Gans)

MATERIAL
- Transparentpapier in Weiß und Hellblau, A4
- Organzaband in Hellblau, 8 mm breit, 2 x 20 cm lang
- Blumendraht in Weiß, ø 0,35 mm, Länge nach Belieben
- mehrere Wachsperlen in Hellblau, ø 8 mm
- Motivlocher: Blume, ø ca. 3,5 cm
- mehrere Holzhalbkugeln, ø 1,2 cm
- Acrylfarbe in Gelb

VORLAGEN-BOGEN 4B

1 Für die Blümchen je zwei ausgestanzte Blüten zusammenkleben und darauf die gelb angemalte Holzhalbkugel setzen.

2 Die Gänse ausschneiden. Das Auge mit schwarzem Filzstift, den Schnabel mit Filzstift oder Acrylfarbe aufmalen. Die hellblauen Flügel aufkleben, nach oben wölben und zwei Löcher für den Draht einstechen. Schleifen binden und am Hals der Gänse fixieren

3 Die Drahtstücke kräuseln, zwei Wachsperlen auffädeln und in der Mitte eine Blüte fixieren. Jede Gans hinten und vorne an ein Drahtstück knoten und so eine Kette bilden.

4 Für das Teelicht zwei Blüten zusammenkleben. Die Blütenblätter schön falzen und rund biegen, den Becher des Teelichtes mit der Klebepistole fixieren.

Tipp: Anstelle von Holzhalbkugeln kann man auch gelbe Klebepunkte verwenden.

Königlich gedeckt

→ da schmeckt das Festmahl garantiert

MOTIVHÖHE
Prinzessin ca. 30 cm
Eier ca. 8 cm

MATERIAL PRINZESSIN
◆ Fotokarton in Hellblau, A3
◆ Fotokartonreste in Weiß, Pink, Gelb und Hellgrün
◆ Transparentpapier, A3
◆ Organzaband in Hellblau, 1 cm breit, 20 cm lang
◆ ca. 18 Bergkristall-Strasssteine, ø 6 mm
◆ 2 Schaschlikstäbchen

HÜHNER UND BLÜTENKERZEN
◆ Fotokartonreste in Gelb, Rosa, Hellblau und Helltürkis
◆ Papierkordel, ø 2 mm, ca. 12 cm lang (je Ei)
◆ Transparentpapierrest in Weiß (Tischkarte) und Blau (Flügel)
◆ Acrylfarbe in Hellblau
◆ Plastikei, 6 cm hoch

VORLAGEN-BOGEN 4B

Prinzessin

1 Die Einzelteile zuschneiden. Das Kleid mit einem Falzbein oder mit den Händen runden und schließen. Die Strasssteine aufkleben. Die Spitzen am Saum nach außen biegen, sodass die Prinzessin gut stehen kann.

2 Das Transparentpapier im Abstand von 5 mm bis 6 mm ziehharmonikaartig falten, als Kragen auflegen und an den Enden zusammenkleben.

3 Das Gesicht bemalen und die Nase sowie die mit Strasssteinen besetzte Krone aufkleben. Tonpapierstreifen aufrollen und als Haare von hinten am Kopf befestigen. Den Kopf an das Schaschlikstäbchen kleben und dieses in die Tüte stecken und fixieren.

4 Ein kleines Schleifchen binden und am Kragen befestigen. Auf einen Schaschlikstab zwei Fotokartonkreise schieben und dann das Herz mit der Krone am Ende fixieren. Hier kann zum Beispiel die Menükarte oder eine Tischkarte aufgesteckt werden. Den Stab am Kleid festkleben.

Hühner und Blütenkerzen

1 Alle Teile ausschneiden und zusammenkleben. In die Löcher die Papierkordel einschieben und darauf die Füße kleben.

2 Mit dem Cutter einen Schlitz ausschneiden und ein Schild (als Tischkarte z. B.) einschieben oder das Hühnchen auf das Glas setzen.

3 Das Ei hellblau bemalen. Nach dem Trocknen die Krone, den Schnabel und die Flügel ankleben und das Gesicht aufmalen. Die Halterung für das Ei oder das Teelicht an den Enden zusammenkleben und die Spitzen wölben.

Auf der Karottenschaukel

→ wie im Hasenparadies

MOTIVHÖHE
ca. 19 cm

MATERIAL
- Regenbogenfotokartonreste in Lila, Violett, Grün-Gelb und Gelb-Orange
- Fotokartonreste in Weiß und Pink
- Regenbogentonpapierreste in Lila
- Blumendraht in Braun, ø 0,35mm, ca. 80 cm lang
- Wachsperlen, ø 8 mm, 1 x Weiß, 6 x Orange

VORLAGEN-BOGEN 1A

1 Für das Hasenmädchen die Anleitung der Hasenprinzessin auf Seite 20 beachten. Die Karotte nach der Vorlage zusammenkleben.

2 Die Drahtstücke rund um die Karotte legen, zusammendrehen und auf dem Schaschlikstäbchen kräuseln. Zwischendurch die orangefarbenen Perlen auffädeln. Die Häsin auf die Karotte setzen und fixieren.

Pia Pedevilla lebt in Bruneck (Südtirol). Sie studierte Kunst in Gröden und Werbegrafik in Urbino. Seit Jahren ist sie im Bereich der Illustration und des Designs für Kinder tätig, entwirft Holz- und Stoffspielzeug, didaktische Spiele für Kinder im Vorschulalter, Lichtobjekte und Teppiche. Viele Jahre hat sie an der Grundschule mit Kindern gebastelt und gemalt. Heute leitet sie Fortbildungskurse für Lehrer, interessierte Erwachsene und Kinder. Im frechverlag hat sie viele Bücher über verschiedene Arbeitstechniken veröffentlicht.
www.piapedevilla.com

DIESES BUCH ENTHÄLT 4 VORLAGENBOGEN

IMPRESSUM

TEXT: Dr. Ulrike Voigt
FOTOS: frechverlag GmbH, 70499 Stuttgart; Fotostudio Ullrich & Co., Renningen
DRUCK: frechdruck GmbH, 70499 Stuttgart

Materialangaben und Arbeitshinweise in diesem Buch wurden von der Autorin und den Mitarbeitern des Verlags sorgfältig geprüft. Eine Garantie wird jedoch nicht übernommen. Autorin und Verlag können für eventuell auftretende Fehler oder Schäden nicht haftbar gemacht werden. Das Werk und die darin gezeigten Modelle sind urheberrechtlich geschützt. Die Vervielfältigung und Verbreitung ist, außer für private, nicht kommerzielle Zwecke, untersagt und wird zivil- und strafrechtlich verfolgt. Dies gilt insbesondere für eine Verbreitung des Werkes durch Fotokopien, Film, Funk und Fernsehen, elektronische Medien und Internet sowie für eine gewerbliche Nutzung der gezeigten Modelle. Bei Verwendung im Unterricht und in Kursen ist auf dieses Buch hinzuweisen.

Auflage: 5. 4. 3. 2. 1.
Jahr: 2009 2008 2007 2006 2005 [Letzte Zahlen maßgebend]

© 2005 frechverlag GmbH, 70499 Stuttgart

ISBN 3-7724-3439-8
Best.-Nr. 3439